AIMSIR ÁRSA

Aimsir Ársa

Aimsir Ársa

Cathal Ó Searcaigh

Ian Joyce
Ealaín

ARLEN
HOUSE

Aimsir Ársa

Foilsithe i 2013 ag
ARLEN HOUSE
42 Grange Abbey Road
Baldoyle
Dublin 13
Éire
Fón/Facs: 00 353 86 8207617
Ríomhphost: arlenhouse@gmail.com

Dáileoirí idirnáisiúnta
SYRACUSE UNIVERSITY PRESS
621 Skytop Road, Suite 110
Syracuse, NY 13244–5290
Fón: 315–443–5534/Facs: 315–443–5545
Ríomhphost: supress@syr.edu

ISBN 978–1–85132–046–2, crua
ISBN 978–1–85132–066–0, bog

Eagarthóir: Seán Mac Aindreasa
Clóchur: Arlen House
Priontáil: Brunswick Press
Saothar ealaíne: Ian Joyce

Tá Arlen House buíoch de
Chlár na Leabhar Gaeilge
agus d'Fhoras na Gaeilge

Foras na Gaeilge

Clár

Do Ravi agus Sarita
an leabhar seo

I

Ar Aghaidh na Gréine

Do Brendan Twomey

DÓCHAS

I mo shuí ar aghaidh na gréine sa gharraí
ar an lá is aoibhne le fada, na fáinleoga
d'aon bhuíon bhinn i mbun aeraíochta os mo chionn
agus in ainneoin gach doiligh is gach donais
atá a mo leanstan anois is ag déanamh léin domh,
tá mo chroí ar eiteoga is ag spraoi ina gcuideachta.

I ndiaidh ghaoth agus gharbhadas na Bealtaine
a d'fhág moill ar fhás i mbliana, tá mo gharraí
ag teacht chun cinn agus ag bisiú
laethe seo na Féile Eoin; glaise na sáiste ar sceacha,
gach luibh is gach lus ag teacht i méid is ag misniú;
an támhfhéithleann i mbláth os coinne an dorais,

cosaint, a deirtí tráth, ar an tsúil mhillte is ar an
    mhí-ádh,
agus nuair a ghlaonn an té dar mó mo chion air,
mothaím spéir an áidh á spréadh os mo chionn
agus leacacha na sráide ag bláthú faoi mo chosa.

Labhraim le Lí Pó

Tá mé san aois sin anois,
ré na seanaoise
go dtig liom mo chomhrá
a dhéanamh leatsa, a mhian,
tar dhuibheagán na gcianta.

Mé i mo shuí ag ól fíona
amuigh faoin spéir
oíche shoiléir i dtús an fhómhair –
do leabhar os mo chomhair –
Tá fios i bhfíon, a deir tú,

agus mé ag baint sú as úll
órbhuí na gealaí
atá ag teacht i gcraobh
ansiúd ar bharr an Eargail.
Cruthaíonn fíon a fhilíocht féin,

mar is eol duitse, a chroí,
a d'imigh le hól is le ceol.
Drabhlás diaga na hÉigse!
Ar an tslí sin scaoil tú saor d'aigne
ó ghlais is ó gheimhle an tsaoil.

Sílim a mhór duit,
a fhir lán de mheidhir,
a fhánaí na ndán, a fháidh an dúshláin,
a bhris gach gnás is nár fhan dílis
ach amháin do chúram an dáin.

Ba mhaith liom a mhaíomh
go bhfuil cuisle ghaoil againn
le chéile agus muid beirt ag ceiliúradh
an tsaoil seo nach bhfuil seasamh ann.
Saol na trioblóide! Saol na brionglóide!

Bhí tú beo i dtréimhse doiligh,
dreamanna ag troid fá chríocha,
cogadh agus creach ar fud na Ríochta.
Chuir tusa do dhóchas i ndánta,
mo dhálta féin, le tú a thabhairt slán.

Is chuaigh tú le fán an tsaoil,
ag triall le scamail shiúlacha
thar sléibhte is thar aibhneacha,
ag ligean liúnna áthais leis na géanna fiáine
is ag comhrá go gáifeach leis an ghealach.

Anocht is mé bogtha le fíon
cluinim Abhainn Bhuí na filíochta
ag sní idir dhá bhruach an leathanaigh.
Siúd tú faoi sholas na gealaí.
Le mo dhán, beannaím duit

thar an duibheagán.

Lí Pó i Mín a' Leá

Le mí tá sé ina thriomlach
ach inniu, ádhúil go leor,
rinne sé trí ráig báistí,
rud a d'fhág an deoir
i ndeas don tsúil agam le gairdeas
nuair a fuair mo chuid glasraí
trí dheoch spreagúil d'Aibreán.
Tá siad anois ar thalamh slán.

Níl a dhath níos deise
ná cith fáis an Earraigh
le deochadh póg
a thabhairt do na rútaí
is le haoibh na glaise
a chur i bhfás bog óg,
i ngas agus i gcraobh,
i nduilleog agus i mbachlóg.

Agus a ndálta siúd, bhíog
mo chroí féin a bhí tur
agus tirim ó scar muid,
ó d'imig tú uaim i gcéin,
bhíog agus bhog a raibh
istigh ionam le lúcháir
nuair a fuair mé do litir
ar ball beag, a chuid.

Tá fearthainn bhog na bhfocal
ag titim ionam go haoibhiúil
agus mé ag léamh do scríbhinn
ionas go bhfuil mé, a stór,
lán amach thar an tsúil
le suáilcí do ghlóir
amhail tobán seo an uisce
ag binn an tí, a bhí folamh le mí

is atá anois líon lán
agus ag sileadh,
tá mise ag cur thar maoil
le d'fhocail ceana.
Ní hiontas ar bith go bhfuil
mé féin agus na glasraí
ag déanamh gairdis. Tá muid araon
ar maos i ngean is i ngnaoi.

BENFEITA, AN PHORTAINGÉIL

Anseo tá mé faoi gheasa ag an tsolas ghlé
a thig chugainn ó ardaibh gorma na spéire
chomh grástúil, dea-chumtha le haingeal ón tseanré.

Suíonn sé seal ar dhronn dearg na ndíonta
go dtí go bhfaigheann sé a anáil ar ais
i ndiaidh a thriallta fada thar achar na gcianta.

Go ciúin tomann sé san abhainn, a cholainn ríoga
ag spéacharnaigh roimhe agus ina dhiaidh;
niamhraíonn sé an t-uisce lena ghéaga diaga.

Déanann sé croí isteach le seantithe aoldaite na háite,
á gcuachadh is á muirniú sa chruth
go dtig gnaoi na gile i ngach gnúis a bhí breoite.

Spréann sé a thíolacthaí fáis go fial is go flaithiúil
i measc na n-ológ, na gcaora fíniúna, na bplumaí.
Cuireann sé luisne ghréine i gcneas na ngairdiní cúil.

Le teacht na hoíche cuachann sé suas i mbachlainn
ghlas
na gcrann agus téann a chodladh go sochmaí,
bogcheol na bhfeithidí á thionlacan go deas.

Eisean mo chumann is mo ghrá geal, mo leannán
aerga,
a thógann mo chroí le gach timpeallú gréine,
iontaoibh agam as a ghné, as a mhéin mhaorga.

Is beidh cumaidh orm ina dhiaidh is mé ag
scaradh leis go deo,
eisean a chlúdaigh mé go dlúth le laethe geala a ghrá
óir tá sé daite domh pilleadh abhaile ar bhailte
beaga dorcha an cheo.

Lus na Gréine

Móraim an bláth seo
a bhláthaíonn i bpian
i dtalamh righin mo ghairdín
is a thugann a aghaidh
go lúcháireach ar an ghrian;
grian nach dtaitníonn ach go hannamh
sna críocha dorcha seo ó thuaidh,
cumhaidh air i ndiaidh
na dtíortha geala ó dheas
agus a bhráithre mórchroíocha sa teas.

Móraim an bláth seo;
aoibhneas an fhómhair
ag bláthú os mo chomhair;
lus an dóchais
ar tinneall leis an tsolas;
ag síneadh a ghéaga gleoite
chun na huile.
Seo é mo bhráthair, file na gile.

Sceitse

An mháthair mhór ina leabaidh
ag cur faobhair ar a cuid mallachtaí;
na féitheoga i gcaol a láimhe

chomh dúghorm leis an spéir thoirní
os cionn an tí. An t-athair ag gabháil cheoil
agus ag déanamh geáitsí. Mhuscail

an buidéal biotáilte a thug mé dó
an mheabhair ann. An mháthair, gan focal aisti,
ag gearú bidh le spíosraí. Páiste girsí

ar an urlár, í ag cur barr ar pheann luaidhe
le scian feola, scéin bhuile ina súile.
Omar, a dearthháir mór, a lámh go teann ar mo ghlúin

agus é ag meabhrú domh i gcogar rúin,
gach uair a lasann an spéir le splanc thoirní,
"Ensha'allah Charlie! Ensha'allah Charlie!"

Aoire na nGabhar

Grian an tráthnóna
ina caor thine
os cionn an fhásaigh.

Mé ag siúl liom féin
ar bhealach tíre
i bhfad i gcéin,

ag meabhrú slí éigin
leis an dorchadas
a chur as mo chroí,

nuair a chas sé liom
i dtamhnach shéadghlas
amuigh ar an lom.

Aoire deas na ngabhar
ag déanamh aoibhnis
ar thaobh an bhóthair.

Luisne chneasbhuí
ina ghnúis lúcháireach.
Sa teas tréan úd,

theann sé liom go dlúth
faoi scáth na gcrann
craobhach trom.

Is go tobann bhí sé
ag cur a chroí amach i gceol;
amhrán glé a mhéine.

Téimse ar ceathrúin
ina nádúr caoin. Cuirim
fúm ina ghuth ciúin,

ag meabhrú slí éigin
leis an tsolas seo
a choinneáil i mo chroí.

ORPHEUS

Tá mé féin agus Omar, an t-aoire
óg ceolmhar, lena bhata cam
agus a ghlór bog srónach,
ag tiomáint na ngabhar abhaile
tráthnóna, trasna an mháma
ó thalamh féaraigh an tsléibhe;
scamaill bháistí ina dtréad bhradach
ag rásaíocht os ár gcionn go bagrach.

"Dhéanfaidh mé iad a dhreasú
síos amach chun na farraige,"
a deir sé go rúnda ciúin,
greim láimhe aige orm go ceanúil,
"ionas nach ndéanfaidh siad tú
a fhliuchadh lena gcuid múin."

Séada Suirí

Ní san aigne amháin
atá do chuimhne i dtaisce
ach ar fud fad mo cholainne;
sna lámha, sna hioscaidí,
i gclúmh an chraicinn,
i gcnámh na huisinne.

Ní dhéanann an cholainn
dearmad d'aon ní.
Sna duáin, sna cromáin,
i gcnámh na huchta, sna súile,
sna putóga, sa ghoile,
sna murnáin, sa teangaidh,

níl tú ligthe i ndearmad.
Tá tú curtha agus i dtaisce,
cuimhne ar chuimhne
i gcréafóg mo cholainne.
Tá sé trí bliana fichead
ó scar muid, oíche gheimhridh,

ach fós féin tá do lámha
ar mo mhása, ar mo bhrollach;
do ghlór i mo chluasa,
is do phóga, do phóga tintrí,
i dtaisce go lá an bhrátha
i mo bheola, i mo bhaill bheatha.

MAC LIAMMÓIR I MARACÓ, I

A Mhoslamaigh álainn
chaoindúthrachtach,
lá i ndiaidh lae
tá tú ag gabháil
i gcion orm
ionas go bhfeicim anois
an saol, beagnach, fríd
do shúile móra urramacha.

Agus ceapaim go bhfuil
cuach do chloiginn
chomh cumtha, chomh haoibhinn,
le haon cheann
de na cruinneacháin
dhiaga seo a dhealraíonn
chugam ó bharr mullaigh
an Mhosc sa Mhedina.

Nuair a ghlaonn tú orm
ó bhalcóin ghréine
d'árasáin, a mo bheannú
le do dhea-ghuí maidne,
is é an Muaisin
a shamhlaím leat, a mhian;
tú ansiúd ar an aoirdeacht
ag glaoch am trátha.

Agus is mise, ar m'fhocal
an Mahamadach umhal
a fhágann uaidh gach gnó
is a thagann i do láthair
go deabhóideach
mar i ndúil is go mbeinn
ar mo ghlúine os do chomhair
ag géilleadh do do ghlóir.

Mac Liammóir i Maracó, II

Bhain sé de
a raibh air
is sheas sé lomnocht,
nádúrtha gan náire
i mo láthair.
A gháire,
a bhéal déadgheal,
a chneas gan teimheal
chuir siad loinnir
sa tseomra bhrocach, tais.

Nuair a shúigh mé
an síol as,
bhlais mé na glúnta
dá bhunadh;
a athair is a sheanathair
agus níos faide ar gcúl
Beirbeirigh urrúnta
an tsléibhe
ó bhunchnoic na nAtlas;
ó Tafroute, ó Taliouine
agus ó Tata.
Bhí sé lán daofa,
de chogarnach na n-aoiseanna
ó Ahmetanna, ó Mhustafanna,
ó Abdullahanna, ó Mhahamadanna,
a ndúchas is a dtréithe
ag cuisliú ionam
a mo neartú.

Beidh lorg na hoíche seo
ar a bhfuil romham amach;
iadsan nár casadh orm go fóill,
iadsan nár mhuirnigh mé

i leapacha an tsómais;
beidh an oíche seo liom
chun na leapa leo,
á mbeannú, á gcumhrú
is á dtabhairt chun aoibhnis.

Ovid ag Cáineadh na Mná a d'Fheall air

Odaiséas, chomhairligh sé
dá chriú go léir
á gcluas a líonadh le céir
agus iad ag iomramh
thar Oileán na Síréanaí
ionas nach gcloisfeadh siad
síreacht chaoin a gcreachta
ó bhéal na mban draíochta.

De bharr foláireamh
fadcheannach a dtaoisigh
d'éirigh leo an sáile
cealgach a shireadh
is a theacht slán
ón oileán
ón bhris is ón bhascadh.
Sin a chantar sa dán.

Mo chreach nár éist mé
le rabhadh Odaiséas
is mé ag snámh ar thanaí
le cluanaí mná
nach raibh ina ceann
ach fonn oilc agus díobhála
agus í ag déanamh ceilge
i mo chluas lena caoineadas,

fad is a bhí sí ag beartú
ina cuid uiscí, mo bris
is mo chur ó chrích;
ach ar nós na Síréanaí
a ndearnadh stacán díofa
is a thit le haill san aigéan,
dáilfear uirthise fosta
droch-chríoch agus léan.

Tá a meáchan féin d'olc
á iompar aici le fada.
Mar chloch, titfidh sí
i bpoll a caillte, slogfar í
sa tsruth guairneáin
a chothaigh sí go diabhlaí.
San uisce faoi thalamh
ar a mbeathaíonn sí, báfar í.

Antinous

Ammon, file, bliain is fiche á chaoineadh in Alexandria

Buachaill bocht as Bithnia
ach faoi bhláth agus faoi mhaise na hóige
b'eisean an té a ba deise
dá bhfacthas riamh in Alexandria.
B'eisean Antinous na háilleachta
ar thug an tImpire taitneamh dó agus grá.

Bhéarfá mionna gur gineadh é gan smál,
bhí se chomh dea-chumtha sin
i ngach ball, chomh caoin ina mhéin,
chomh séimh ina ghné. Dá mba toil liom na déithe
déarfainn gur iadsan a mhúnlaigh é
as cré dhiaga na gnaíúlachta.

Tchífinn é ó am go ham sa ghiomnáisiam
agus sa leabharlann ach ní raibh sé de dánaíocht
 ionam
labhairt leis. B'eisean an comrádaí ríoga
is ní raibh ionamsa ach cléireach uiríseal
i seirbhís na hImpireachta. Mar ba dual do mo
 chineál
bhí orm urraim a ghéilleadh dó i gcónaí.

B'eisean mian súl an tslua, fir agus mná,
b'ionann a gcás, b'áil leo bheith i gcaidreamh
leis an bhuachaill seo a b'áille dealramh.
I dtaca liomsa de, ní raibh á thaibhreamh domh ach é,
a bhéal le mo bhéal, a ghéaga i mo thimpeall,
bhéarfainn a raibh i mo chnámha ach dlúthú leis.

I gcónaí buan agus daingean ina dhílseacht
dá leannán, nuair a tháinig am na hachainí
gan ghearán d'íobair sé é féin sa Níl i ndúil
is go ndéanfaí an tImpire a shábháil
ó thubaiste éigin a bhíthear á thuar dó.
Dá mba rud is go dtiocfaí an chinniúint a ordú!

Anois tá a dhealbh le feiceáil i mbailte na Ríochta
is tá a íomhá buailte ar bhoinn airgid na
hImpireachta.
Le hómós dó d'fhógair an tImpire ina Dhia é agus cé
gur eol dúinn nach bhfuil sna déithe ach miotas ár
mianta
is aoibhinn linn go bhfuil Antinous, buachaill a ghéill
do chlaonta na Gréige, anois ar ard na glóire.

Antinous na hÁilleachta! Antinous na Grástúlachta!
Sa cháil sin buan beo a bheas sé anois agus go deo.
Sa staid dhiaga úd, fiú mura bhfuil ann ach samhail,
buanóidh sé ar feadh na síoraíochta
ionas nach dtig leis an bhás, fiú amháin, díobháil
a dhéanamh dó nó a chur ó dhealramh.

Is cuimhneach liom go maith an t-am agus an uair
agus cé go bhfuil trí scór bliain imithe tharam
ó casadh orm é, níor lig mé as mo chuimhne é riamh.

Tráthnóna deas Domhnaigh a bhí ann i dtús an
fhómhair,
an ghrian ina craos caordhearg os cionn na
Ceathrún,
na cnoic faoi sholas. Is cuimhneach liom sin go
soiléir.

An Domhnach úd, ba sin cothrom an lae a rugadh
mé.
Bhí na seacht mbliana déag slánaithe agam an lá sin.
Ó bhí mé i mo ghasúr bhí mé ar séasúr go rialta ar
an Lagán,

lámh le Láib an Dois. Anois is mé i mbun mo mhéide
agus téagar fir ionam, bhí mé ag gabháil go
hAlbain lá arna mhárach,
ag déanamh fómhair le m'athair thuas fá
Haddington.

I dtaca leis an Domhnach úd, bhí sé ansiúd ag an
spraoi.
"Aeraíocht" a thugadh siadsan, lucht na Gaeilge
ar an tsiamsaíocht seo a bhíodh acu tráthnónta
gréine,

ar Chnoc na Bealtaine. Bhí sé ansiúd i lúb na
cuideachta
le maithe na hArdscoile; na mná ceannasacha úd
as baile isteach faoi dhiamhair a gcuid "éadaigh
dúchais";

a gcuid báinín brocach agus a gcuid bréidín dearg,
a gcuid seálta olla agus a gcuid cailleacha lása,
agus a labhair liom i nGaeilic mhaide na leabhar.

Ba doiligh domhsa a raibh an teangaidh liom ón
    chliabhán
a dhath a rá go nádúrtha agus na mná uaisle seo
ag éisteacht liom go cúramach amhail is gur mé

béal Dé á dtreorú amach as an fhásach.
Shíl siad gur as mo cheann a bhí an ghrian ag fás.
Ar mhaithe le caitheamh aimsire a chuaigh mise
    chucu.

Is cuimhneach liom go raibh muid cruinnithe thart
ar thinidh chnámh, eisean le mo thaobh, a lámh ar
    mo ghualainn.
Chan duine inteacht "Cnocáinín Aerach Chill Ulta".

Bhain fear eile binneas as fidil, sheinn girseach ar
    fhideog.
Tchím na drithleoga dearga ag éirí go fóill
agus ag glacadh an aeir mar a bheadh féileacáin ann.

Agus eisean ansin ag amharc orthu go cumhúil.
I ndiaidh dúinn Ballaí Luimnigh agus Tonnaí
    Thoraí a dhamhsa,
tosaíodh a riaradh bia orainn, tae, ceapairí agus
    cístí milis.

Is beag cleachtadh a bhí agamsa agus mo leithéidí
ar an chineál sin milsíneachta. Bia méith na n-uasal.
Ach choinnigh sé á dtarraingt chugam is a mbrú orm.

B'olc an mhaise domh an fear uasal a dhiúltú.
I ndáiríre, ní dhéanfá do chuid ach ar mhórán den bhia sin.
D'fhan sé le mo thaobh agus é ar theann a dhíchill

ag iarraidh comhrá a chothú eadrainn lena "chúpla focal".
Ní thiocfadh liomsa éifeacht ar bith a bhaint as a chuid Gaeilge
ach ós rud é go raibh beagán de Bhéarla an Lagáin ar mo thoil agam,

labhair mé leis i mBéarla. Ba sin na focla a fuair freagairt.
Roimh i bhfad bhí muid ag siúl le chéile, lámh ar lámh,
soir go Cnoc an Chaisil agus é ag éirí níos ceanúla orm le gach coiscéim.

D'agair sé orm labhairt ina ainm leis seachas "Sir"
a thabhairt air. As sin amach ní raibh asam ach Ruairí.
Bhí lí an óir sa tráthnóna is an coirce ag teacht i gcraobh

ar dhá thaobh an ghleanna. B'aoibhinn leis, a dúirt sé,
boladh na móna agus boladh an bhainne ar mo cheirteach
agus é a mo phógadh ar thaobh an leicinn is ag slíocadh mo chinn.

Agus os cionn Ghort an Choirce nuair a leag sé a lámh ar mo mhása
ba doiligh domhsa mar fhear gan teacht i gcraobh.
Agus nuair a thug sé ar leataobh mé ar chúl an aiteannaigh

shílfeá go raibh Éirinn ghlas idir an dá lámh aige
agus é a mo mhuirniú go hómósach. Agus ní
bhfuair sé diúltú,
cé gurbh aisteach liom ag an am ár gcuid cúplála
faoin aiteann.

Ní raibh éileamh ar bith agamsa ar shochar nó ar
íocaíocht.
Rinne mé an rud ab éigean domh a dhéanamh
as teasbhach na hóige. Lena chois sin bhí sé deas,
gnaíúil,

ina bhéasa is ina dhóigh is b'fhurasta titim isteach
leis.
Ach a sheacht mh'anam déag, tharraing sé crág
nótaí as a phóca
agus thug sé luach an bháid domh agus tuilleadh
lena chois.

Bhí snag caointe ina ghlór agus muid ag scaradh;
eisean, ag imeacht le go gcaillfeadh sé a raibh aige
den tsaol,
a ainm, a chliú, a ghlóir shaolta, a bheatha;

mise, a raibh sé daite domh saol beag suarach
a chaitheamh, bean a phósadh agus teaghlach a
thógáil ...
ach a Ruairí, ní raibh ár gcinniúint ag déanamh
buartha dúinn,

Domhnach úd na seirce os cionn Ghort an Choirce;
m'anáil i do cuid gruaige, mo lámha idir do dhá
shlinneán,
agus tusa ar do lámha is do ghlúine ag éagaoin le
pléisiúr.

II

Na Bailte Bánaithe

Na Bailte Bánaithe

Do Eoin Mac Lochlainn

I

Tráthnóna idir an dá sholas
tchím iad ag taibhsiú chugam
as ceo folaigh na nglúnta.

Mo sheanathair, muintir
mo mhuintire, tchím iad
ag obair amuigh faoin spéir,

na fir ag buain i gcuibhrinn
nach bhfuil ann níos mó,
na mná ag blí na mbó

i mbuaile gréine na Míne
na páistí ag déanamh folachán
i measc stucaí agus síogán.

Fad m'amhairc uaim
tchím slua dea-bheo na marbh
ag tionól ar na seanfhóid,

i mbailte beaga bánaithe
na mbunchnoc, i Mín na bPoll,
i bProchlais, i Mín na gCopóg.

Giúin ar ghlúin, amharc súl
de dhaoine ag siúil go réidh
as Mín m'aislinge, gach glúin i gcré.

Cumhaidh orthu i ndiaidh na háite
a ghnáthaigh siad, na bailte seo
ar chaith siad a ré leo.

A gcoiscéim chomh ciúin
leis an oíche ag titim
is iad ar a mbealach 'na bhaile,

cuing rúin orthu choíche
i ndiaidh na réigiúin a shiúl
ó Mhín na mBeo go Mín na Marbh.

II

Le gach anáil dá dtarraingim
mothaím ag éirí iad ina nduine
is ina nduine as mínte m'aigne,

as na bailte fearainn atá curtha
i bhfód beo mo chuimhne,
as cúig ghlúin an dúchais

a thig chun solais anois
is mé ag gabháil i bhfód ionam féin
i mbéal an uaignis.

Iad ag cuisliú i mo bhaill bheatha,
ag teacht i gcrann i m'aigne, ag apú
ar chraobh cinidh mo chuimhne.

III

I bpáirc an tseantí tráthnóna fómhair,
na hiomairí bána faoi bhrat na cíbe,
is fada ó rinneadh iad a rómhar.

Cumhaidh orm i ndiaidh an tsaoil úd
a bhfuil glúin ghaoil agam leis
is atá anois faoi fhéir an dearmaid.

Mise nár lean lorg mo mhuintire,
iadsan a chuir is a bhain, bunadh na cré
a mhair de réir ghnása na tíre

ó ghlúin go glúin, na fir thréana
a phóraigh an síol i mbroinn
agus i gcuibhrinn; na mná teasaí

a sheas leo is a thug cúnamh
an dá lámh daofa achan lá.
Ní thig liom iadsan a leanstan,

mise nár thóg claí, nár threabh gort,
nár ghin mac nó iníon dár ndúchas,
dár gcineál. Is bocht liom mo chás

iad a fhágáil anois gan oidhre óg
is fód mo dhúchais ag gabháil seasc
i Mín na bPoll, i bProchlais is i Mín na gCopóg.

IV

Tá tost an dearmaid ag titim
ar lucht roiste na dturtóg
i Mín na bPoll, i bProchlais is i Mín na gCopóg.

Ar Chlann tSuibhne a bhí teann,
ar Earcánaigh an tseanchais,
ar na Baoilligh a bhí gnaíúil.

Tá ochlán caointe sa ghaoth
a shéideann aniar ó Altán
is anseo tá damhán alla

ag fí abaid an bháis
i bhfuinneog bhearnach an tseantí
inar chónaigh mo chineál fadó.

Ar Ard na mBothóg is an ceo
ag teacht anuas idir dall agus dorchadas
ar Mhín na bPoll, ar Phrochlais,

ar Mhín na gCopóg, seasaim san uaigneas.
Tá glas béil ar gach baile is ní dhéanfar
an chuing seo a bhriseadh le mo bheo.

Na Mairbh

Tá cos acu i gcónaí
ar na bailte seo
faoi bhun na gcnoc.

Na mínte féaraigh
a shaothraigh siad,
a shíolaigh siad.

Níor chealaigh an bás
aon cheo ach amháin
a mbeo. Tá a ndásacht,

a ndúthracht chráite,
a ndán doiligh i dtaisce
i gcuimhne na háite.

Aisling ar Ard na Malacha

Siúd thall na mairbh, meangadh ar a mbéalaibh,
ag siúl go mall i dtír thalaimh a mbunaidh.
Iad ar fán i bhfearainn nach bhfuil i ndán dóibh.

Tá siad caillte i mbailte na neantóg is na gcopóg,
mearbhall céille orthu agus seachrán,
ag siúl na bhfódaibh a bhí agus nach bhfuil níos mó.

Siúd na mairbh ag síothlú, a ndreachanna feoite
ag dorchú idir an dá sholas, ag fágáil
lorg a scéil san aer, scríofa le cipín dóite.

NA FÁMAIRÍ

Na strainséirí seo
ag déanamh aeir dóibh féin

ar fud na mbailte fearainn,
iad teann astu féin,

ag spaisteoireacht thart
sna seanghabháltais.

ag galamaisíocht
lena gcuid madaí dúchais.

Ag déanamh iontais
den tsleán, den speal, den tseisreach.

Iad ag béarlóireacht
go teanntásach,

beag beann ar gheaftaí,
beag beann ar Ghaeilic.

Ansiúd tá baitsiléir a bhí tráth ina fhear ábalta
ag titim anois ar a bhata, creapalta leis an aois,
a chuid talaimh amuigh díomhaoin, cónaí air i
demountable.

Ansiúd tá bean aonair ag cur fúithi i mbungaló,
buidéil d'uisce an ollmhargaidh ina gcarn fuílligh
ag binn a tí.
Níl sí ag tarraingt ar thobar an fhíoruisce níos mó.

Ansiúd níl fágtha ach na fothraigh agus na ballóga,
cnadáin agus feochadáin á bhfódú féin go colgach
sna tithe ina mbíodh gleo fadó ó theaghlaigh óga.

Ansiúd tá fód an dúchais anois ina fhód an bháis,
i mbailte inar nigh an bháisteach an mianach méith
as an chré
go díreach mar a sciob an Imirce léithe óige na háite.

Amhrán Mhín na Craoibhe

Do Diane Cannon

Tá baile beag ciúin i gclúid an tsléibhe,
an baile is ansa liom de bhailte an tsaoil.
Níl a chliú curtha in iúl nó i mbéal an tslua
ach abhus nó thall níl ball a bheir bua ar Mhín na
    Craoibhe.

Tá mo chineál is mo gaolta anseo leis na glúnta;
chuir siad san earrach agus bhain siad san fhómhar,
cuibhreann an choirce agus páirc bhreá na bprátaí;
tá lorg a láimhe ag cur aoibhe ar Mhín na Craoibhe.

Thug siad altú do Dhia agus cuidiú dá chéile;
sa ghanntanas bhí muintearas eatarthu agus féile.
Bhí an ceol leo i gcónaí agus thóg sé a gcroíthe
ar oíche an rince agus ar oíche na bainse i Mín na
    Craoibhe.

Shiúlfá i bhfad sula bhfeicfeá radharc níos aoibhne
ná grian bhuí an tsamhraidh ag taitneamh ar Dhún
    Lúiche;
na caoirigh ag déanamh féaraigh fá bhruach Loch
    na Cuiscrí,
is tú i do sheasamh ar an Trosc ag amharc uait ó
    Mhín na Craoibhe.

Tá trácht ar Everest na mbeann is ar Fuji na gcrann;
ar Shliabh Uí Fhloinn an amhráin is ar Bhinn
    Dóráin an dáin,
ach míle b'fhearr liom an tEaragal riamh is choíche
ag searradh a chinn gaoithe os cionn Mhín na
    Craoibhe.

Nár bhreá bheith ag siúl go mall tráthnóna;
an fraoch amuigh i mbláth is an fhuiseog ar fud na
  móna;
do ghrá leat ar lámh is sibh ag comhrá go sámh,
ag baint suilt as luí na gréine ó arda Mhín na
  Craoibhe.

III

Cogadh

CAILÍN, CÚIG BLIANA DÉAG, AS BAGHDAD AG INSE A SCÉIL

I

Is cuimhneach liom mo mháthair,
a haghaidh lasta le lúcháir
ag cíoradh mo chuid gruaige
is ag cur pleaití ann
sula dtéinn a luí san oíche.

Duine dícheallach a bhí inti
a chleacht i gcónaí
an t-umhlú, an t-ómós is an beannú.
Ba doiligh an ghruaig chasta,
chatach seo ormsa a cheansú

ach choinnigh sí lena cúram,
oíche i ndiaidh oíche
á slíocadh, á scuabhadh is á shníomh.
Agus í ag gléasadh mo chinn
bhíodh sí ag comhairliú domh

go gcaithfinn cúrsa léinn
a dhéanamh, rud éigin
a chruthódh go maith domh
lá níos faide anonn.
Chaithfinn a bheith béasach,

dea-mhúinte, deabhóideach,
a chuir sí ina luí orm fosta;
gan a bheith ag cothú oilc,
gan a bheith míbhanúil i gcóiriú,
gan taobhú le droch-chuideachta.

"Iadsan nach gcomhairlíonn Dia,"
a déarfadh sí go díograiseach
agus í ag iarraidh a bail féin
a chur ar mo ghrágán aimhréiteach,
"níl i ndán daofa ach an mí-ádh."

II

Bhí mé sona an tráth sin
agus cé go raibh muid
i mbéal an chatha, bhí m'athair
agus mo mháthair ina mbeatha
agus iad ina gceann mhaith

ag déanamh soláthair
domh féin agus do Samair,
mo dheartháir beag.
Leis an fhírinne a rá
ba sin tráth an áthais,

tráth an ghrá. Bhí m'athair
lán de croí, lán de lúcháir.
D'aoibhneodh sé tú
le draíocht gheal a gháire.
B'ionann an gáire úd

agus geafta glé gealphéarlach
a d'fhoscail romham isteach
i dtir tharraingteach na mbarróg,
i dtír réidh na bpóg.
Mo chreach, tá an ré sin thart!

Tá sé féin, Samair agus mamaí
ag déanamh cré anois
nó an méid daofa a fuarthas
i ndiaidh dá gcnámha
a bheith curtha san aer.

Ó shin tá comhartha ceiste
ag ceann gach abairte
agus mé ag guí. Creidim i nDia
ach tá mé amhrasach
an gcreideann Seisean ionamsa.

III

Maraíodh iad triúr
tráthnóna Aoine agus Ramadan
ag teacht chun deiridh.
Bhí mise amuigh ag spraoi
le páistí na gcomharsan

nuair a caitheadh an pléascán
fríd fhuinneog fhoscailte an tí.
Buaileadh an sprioc chontráilte
ach níor admhaigh páirti
ar bith a bhfeall go poiblí.

Ní raibh m'athair ar thaobh
ná ar thaobh den cogadh mhíchéillí
atáthar a fhearadh idir chreidmhigh.
"Aimsigh Dia i ngach duine is beidh aoibh
ar an tsaol," a bhí ráite aige riamh.

Phléasc an buama i lár an tí.
Mar a bhainfeá an bhlaosc d'ubh
thóg sé an díon chun na spéire.
Is a gcnámha beaga briosc, mo léan
chomh sobhriste le huibheacha éin!

IV

Seo cathair na círéibe,
cathair an ghleo is an choinscleo;
Baghdad na mbaracáidí,
na n-ionsaithe, na bhfeallmharfóirí.
An é seo ár ndán go deo?

Gach lá tchím saighdiúirí
ag patróláil na sráide.
Tá siad anseo, tá sé ráite
le muid a chosaint,
muid a choinneáil sábháilte

ach óna ngothaí trodacha,
óna bhfocla ceannasacha
agus iad ár n-ordú sa ghleo,
is mó de smacht ná de shábháil
a shamhlaím leo.

Muidinne an lag, iadsan an láidir!
Tig a mbriathra bagartha astu
chomh borb le hurchar
as béal gunna. Inné labhair
fear acu liom. Fathach fir.

Chuir sé forrán cainte orm
is mé ag teacht ón Mhosc
ach bhí cosc orm labhairt leis.
D'fhéach mé sa tsúil air
ach bhí spéaclaí dubha á gceilt.

Déarfadh mo mháthair go dtig leat
miosúr fir a thógáil
óna shúile. Ach ní thiocfadh liom
breith a thabhairt ar an strainséir.
Níor léir domh nádúr a shúl.

Anuraidh d'imeoinn sna featha fásaigh
is a gcuid *helicopters* cogaidh
ag ísliú os ár gcionn go callánach.
Anois ní bhuairim mo cheann leo
a oiread is gur beacha

atá ag líonadh an aeir lena dtormán
dordánach. Beidh sé doiligh dul i dtaithí
na síochána, má thig a leithéid lenár linn,
i ndiaidh a bhfuil de challán cogaidh
is d'ochlán an áir dulta go smior ionainn.

V

Tá mé i dtigh m'uncail anois,
duine eile den dreabhlán páistí
atá fágtha faoina bhráid.
Thug sé dídean domh
agus mé amuigh ar an tsráid.

Gheall se cóir cheart a chur orm
ach a mhilleadh sin atá déanta aige.
Tá mé ag saothrú dó gach lá,
ag rúscadh an bhruscair
i láithreacha dumpála na cathrach,

ag cuartú is ag cnuasú cannaí dí.
Tá saothru éigin le fáil orthu
ó lucht athchúrsála ach is beag é.
Tá mo mhála, faraoir, níos mó
ná mo sholáthar. Ach in ainm Dé

caidé a thig liom a dhéanamh?
Tá mé faoi shlat righin m'uncail.
Is bocht an dóigh é le gabháil
i gceann an tsaoil, a bheith
ag seiftiú i mbroc is i mbréantas.

Is trua liom an chinniúint
mhailíseach seo atá a mo chrá
gach lá, an léan is an leatrom
atá ag déanamh urchóide
i m'aigne is nach dtig liom

a chloí. B'fhearr liom go mór
a bheith in ann an díomá seo
a ligean chugam is uaim
mar a dhéanann an píopa séaraigh
leis an bhréantas, leis an tsalachar.

VI

Tá mo mhoing mhothallach gruaige
ina clibíní casta anocht
chan ionann is nuair a bhí
mo mháthair ag cur caoi uirthi, á cíoradh
sa tslí is go raibh sí gan locht.

Tá mo cheirteach ina mbratóga,
taobháin ar mo bhróga
lena gcoinneáil i gceann a chéile,
pianta i mo phutóga.
B'aoibhinn liom bheith ar scoil.

Ach is é toil m'uncail, an bhrúid,
go saothróinn mo chuid;
"Más suim leat a bheith beo," a deir sé.
Amanta seasaim ar chúl an tí
ag stánadh suas ar spéir ghlé

na hoíche, ag santú na mbonn airgid
atá ag lonrú ansiúd sna réalta.
Níl solas ar bith agam anois.
Tá an chumhacht gearrtha anocht
mar a bhíonn nuair is mó atá gá leis.

Tá mé ag scríobh an chuntais seo
i bprochóg thais lom,
stumpa beag de choinneal
a shábháil mé inné sa dump
ag coinneáil solais liom.

Dá mbeadh an deis agam, teann
an airgid ar mo chúl, d'imeoinn
as tír seo an dorchadais láithreach bonn.
Rachainn go háit éigin thar toinn,
tír éigin nach dtéann an solas as ann …

TERRORIST

Tá pléascáin ag gabháil as ina chuid cainte.
Tá fuil á doirteadh, feoil á réabadh ina chuid cáinte.
    Tá fuath ina chroí.

Tá cathracha á gcur soir siar aige lena phaidreacha.
Tá ciníocha á ndíothú aige lena dheasghnátha
    deabhóideacha.
    Tá fuath ina chroí.

Tá Dia á bhagairt aige mar bhuama lena bhreithiúnas.
Tá flaitheas agus forlámhas á mbeartú aige lena dhíoltas.
    Tá fuath ina chroí.

Ina dhiaidh fágfaidh sé ré eile foréigin, fágfaidh sé pian.
Fágfaidh sé dílleachtaí, fágfaidh sé an saol faoi chian.
    In ainm Dé.

Amhrán Grá is an tÁr inár dTimpeall

Agus muid ag suirí,
 ag móradh na beatha ar phíb ár ngrá
 mar ba ghnách le filí na hAraibise a rá,
 bhí cogadh á fhearadh, pláigh á scaipeadh
 agus gorta ag déanamh creiche.
 Ár macasamhail féin, buachaillí bána an cheana,
 á marú i mbéal an chatha, tuilleadh dár gcineál
 á gcéasadh i bpríosún na brúidiúlachta.

Agus muid ag suirí,
 éigníodh mná, tugadh ainíde do leanaí,
 cuireadh lucht léinn i gcampaí géibhinn,
 fógraíodh foréigean in ainm Dé,
 creachadh coillte, truaillíodh aibhneacha
 agus áit éigin i nduibheagán na cruinne
 phléasc réaltóg agus muidinne
 ag teannadh le chéile i mbarróg na bpóg.

Ach choinnigh muid ag suirí,
 ag móradh na beatha ar phíb ár ngrá
 mar ba ghnách le filí na hAraibise a rá.

Ceannlínte

Ceannlínte an áir. Ceannlínte an uafáis.
Ár mbodhrú, ár mbuaireamh.
Fanadh fíricí an tsaoil
i bhfad uainn, a ghaoil, fanadh siad ciúin
agus do theangaidh ag gabháil ionam
le barr pléisiúir.
Tapaigh an deis, a dhíograis. Sléachtaim romhat,
slat sailí sa ghaoth.

Amach anseo is ní fada uainn é
ní bheidh ionainn ach ainmneacha ar leac reilige,
uimhreacha i gcomhad oifige.
Amach anseo, a ghile, ní bheidh ceachtar againn beo
le cuimhneamh ar an duine eile,
is leanfaidh an t-ár ar aghaidh,
an slad agus an marfach.
Mar a bhí ó thús, beidh go deo.

Is ár ndálta féin, beidh leannáin eile
ag tabhairt teangaidh dá ngrá
i mbéal a chéile
agus ceannlínte an áir, ceannlínte an uafáis
á mbodhrú, á mbuaireamh,
is iad ag tapú an deis le díograis, ag sléachtú
dá chéile, slatacha sailí sa ghaoth
sula nach mbeidh iontu,

ach ainmneacha ar leac reilige,
uimhreacha i gcomhad oifige.

Osna

D'fhág sé osna ina dhiaidh
chomh domhain le duibheagán.

Anois tá an fharraige
ag teacht i dtír inár gcéadfaí,

ár dteangaidh trom le salann,
ár mbriathra ar maos sa tsáile.

Anocht tá ár mbeatha ar fán
ar an domhain mhór.

IV

An Saol Eile

Labhrann an Leannán Sí

i gcead do Brane Mozetic

An mothaíonn tú mo mhéara i nduibhe d'oíche,
an mbraitheann tú iad ag sní thar do chneas,
an aoibhinn leat a mbrú mealltach agus iad
ag teannadh ort, ag baint a ndúil asat sa teas?

An mbraitheann tú mo bheola ag lí do bheola,
mo ghéaga á bhfáisceadh thart ort go docht,
an mothaíonn tú, a chroí, sásamh fial na colla
ag spraoi ionat chomh sochmaí le cith fáis i ngort?

Cad chuige a dtig laige ort nuair a imím uait gach lá
is nuair a phillim i dtráth mharbh na hoíche
cén fáth gur é an bás a thaibhsíonn chugat, a ghrá?

Is trua liom do chás is tú ag giollaíocht an dóláis i gcónaí.
Rófhada tú á chothú istigh ionat is á bheathú;
lig tú dó apú mar lus nimhe i garraí.

Na Cailleacha Feasacha

Do Aoife McGarrigle

Is beag an baol go dtiocfadh néal orm
na hoícheanta geimhridh udaí agus seanmhná
an bhaile ag airneál i dtigh s'againne.

Iad ag cur tharstu cois tine, ag clabaireacht
is ag cúlchaint is ag cur thart an tsnaoisín
ó dhuine go duine sula dtosódh an taibhseoireacht.

Mhothóinnse an saol eile ar tinneall inár dtimpeall
agus cailleacha na clúide á tharraingt chucu go líofa.
Sa chisteanach ní allas taisligh a bhreacaigh na ballaí,

arrachtaigh a bhí ann á dtaibhsiú féin as béal an aeir.
Ag sealaíocht ar a chéile, d'aithris na mná a dtaithí
ar dheamhain agus ar spioraid, ar thaibhsí agus ar
dhiabhail,

ar na mairbh a bhí ag siúl thart ina mbeatha i Mín a' Leá,
ar na cróchnaidí liatha a tchífeá idir an dá sholas in Altán,
ar na hainspioraid a thriall bealaí uaigneacha na
hoíche i Mín na Craoibhe,

ar na deamhain aeir a bhí ag béicigh i mBeanna na Míne,
ar dhaoine beaga na Bealtaine a chuirfeadh tú ó mhaith,
ar na hanamacha fáin, tinte gealáin an tSeascainn
Mhóir.

Cé acu i mbarr an tsléibhe nó amuigh ar an réiteach
bhí bunadh an uaignis i réim go tréan is a ngleo le clos
i bhfios do chách, a déarfadh na mná. Bhí an t-aer is an
talamh beo leo.

Síofróga agus samhailteacha! Neacha éagsamhalta!
B'eol do na cailleacha go raibh gach ball den tsaol seo
faoi gheasracha dúrúnda ag an bheatha úd thall.

Bheadh daor orainn a chomhairligh siad go heolasach
mura ndéanfadh muid comharsanacht mhaith
le treabhchas an dorchadais a bhuanaigh inár measc.

Is cé gur mhór mo dhúil ina gcuid scéalta scanrúil,
a gcuid taibhsí toirmisc is a dtithe siúil, thigeadh uamhan
an uaignis orm is na seanmhná á ndúiseacht is á
  dtabhairt chun solais.

Is d'fhágfaí mé, mar ba ghnách leo féin a rá agus iad i
  ndáil an bhrátha,
"Chomh lag le malartán linbh agus chomh lom le
  huisce marbh,"
ag creathnú roimh neacha nár léir domh is roimh nithe
  a mhair i mbéal an aeir.

Agus b'iontach liom i dtólamh an dóigh a raibh
  siadsan in ann
lena gcuid orthaí cosanta is a gcleachtaí crábhaidh
an dá shaol bhagartha seo a thabhairt leo go beo.

Is d'imeodh siad fá dheireadh, seálta dubha casta
ar a gcloigne, a gcuid lampaí doininne ag déanamh
fios an bhealaigh daofa idir dhá dhorcha na hoíche.

Tchím iad anocht i m'aigne, an saol sin ag imeacht leo
  síos
an bóthar buan, fios feasa na beatha ina mbéala balbha;
cos amháin acu sa tsaol seo, cos eile sa tsíoraíocht.

An Fear Óg a Tugadh As

Tá mé faoi ghlas an ghéibhinn
i gcríoch éigin nach den inchinn

Ó dheasaigh siad a ngeasa
orm is a ndraíocht
agus mé sa chliabhán
tá mé ar seachrán acu
sa tír rédhorcha seo
a luíonn ar clé, áit inteacht
idir am mharbh na hoíche
agus amhscarnach an lae.

Agus dá dhroim ar sin
tá greim acu orm le mo bheo
ionas nach bhfuil fhios agam
an soir siar atá mo threo
is nuair a bhím ag teacht, an amhlaidh
gur ag imeacht atá mé.
I gcéin uaim féin i gcónaí
sa lios léin seo inar daoradh mé.

Seo mé ag gabháil in aois
roimh m'am, ag cailleadh maise
na háilleachta is na hóige
is nuair a thig an leannán sí
ag sú an tsíl asam, tig laige
spride orm agus lagbhrí
is sciobann sé greim mo bhéil uaim
is níl sé ionam é a chloí.

Inniu tá mé faoi stiúir
dochtúir comhairleach as an Iúr.
Nuair a insim dó go caointeach
nach bhfuil éileamh agam ar mo chuid
is go bhfuil col agam le gach bia
deir sé go húdarásach
nár ordaigh Dia béal gan bia
is go bhfuil mé buailte faoi le Anorexia.

"Affirming the self is the best cure!"
Sin é mo leas, dar leis, an tslí
arís chugam féin. An t-aer úr
a ghlacadh agus bia a chaitheamh!
Ní thuigeann sé faic, an créatúr!
Lia na heagna! Grian ár bhfeasa!
Ach níl aon chiall aige don leannán sí,
don tabhairt as, do gheasa an leasa.

Bean a bhFuil an Galar Dubhach Uirthi ag Caint ar na Síóga

In uaigneas an tsléibhe
idir Mín na nGall
agus Mín na Craoibhe
ar leith ó bhealach an phortaigh
suas an Mhalaidh Dhubh
go Loch na Cuiscrí
tá áit uasal, ball folaigh
ina gcónaíonn an t-aos sí.

Ó chaill siad a dtiarnas
os cionn talaimh
tá siad dulta ó shúil
an daonnaí, ina gcónaí
ansiúd ar an uaigneas
idir an dá sholas
ina ndúnáras rúin
i lúb na locha.

Amanta tig an séideán sí
ag rothlú is ag casadh
is ag tógáil tomóga fraoigh
anuas Bealach Fhána Bhuí,
an t-aos sí ag togáil luais
is iad ag gabháil ón lios,
guím coisreacadh Dé orm féin
ar eagla go scuabfadh siad leo mé.

Sa lag seo ina mairim
idir Mín na nGall agus Mín na Craoibhe
tá seacht ngalar an tsléibhe
ar na bailte fearainn,
bruth craicinn ar na cuibhrinn,
plúchadh anála ar na crainn,
daitheacha ar na claíocha,
tithe ag cailleadh a gcuimhne.

Aréir is mé ag siúl na hoíche
ag iarraidh suaimhnis
chaill mé mo shlí
ar an fhóidín mearaí
idir Mín na nGall agus Mín na Craoibhe.
Chuir mé mo chóta droim ar ais
is dhiúltaigh mé do mhilseacht bídh
ó fhear óg ag Loch na Cuiscrí.

Buachaill ar a Chéad Bhod

Tig a anáil leis
go righin
agus é ag súgradh
le stumpán draighin
a sheanathar.

Faoi gheasa
ag géim an easa
is an bradán ag léimtí
i mbéal an tsrutha, tig
cruadas ann nach dtuigeann sé.

Tig támh air
agus a lámha i bplobar
bogshéidte na bhfroganna
agus ligeann sé osna
fhada pléisiúir.

In éadan a thola
ag aifreann an Domhnaigh
tig borradh ina chuid fola
is an chéir ag sileadh
as coinnle na haltóra.

Tig fonn fiáin air
a bheith gabhal ar ghabhal
le gasúr eile
is an tábhairneoir
ag cur coca i mbairille.

Agus é ina chodladh
tig buachaill caol crua
chuige i dtaibhreamh, á tholgadh.
Ar maidin tchí sé rian glé
an tseilide ar a bholg.

Óige an Fhile
Dán Próis

Tá Banríon an tSolais ag trasnú an tsléibhe, dhá each agus carbad á tiomáint as ceo na maidne. Las leargacha na gcnoc agus í ag gabháil thar bráid. D'fhág sí niamh an óir ar éadan binne. Bruinneall na gceannbhán, bé na nglanrosc. Ina diaidh tá dánta grá ag apú ar na bánta. An teanga mhín, a fear dána, á n-aithris do chách.

Chan aon iontas go bhfuil sí faoi ghradam i ríocht na bpáistí, na bhfealsamh, na bhfilí. Maighdean na flúirse. Plúrscoth na féile. Scaipeann sí déirc gan a bheith ag maíomh as, an t-airgead luachra ag ceann an tsrutháin, lus an óir le cois an róid. Tá móruaisle ag feitheamh léithe sa raithneach. Tá a bantracht, iad cumhra le mismín, ag ullmhú fleá faoi scáth na mbeann.

Siúd lus an easpaig lena ghothaí galánta ag croitheadh túise ina treo. I lios na gréine tá buachaill beag ag tabhairt goradh gorm dá smaointe i measc na méaracán. Tá sé ag foghlaim tíreolas na dtaibhrithe ó lus na mban sí. Bhí sé de dhánaíocht ann stánadh ar Bhanríon an tSolais. Beidh sé faoina geasa feasta.

Labhrann an Cailín Torrach

I

Inár suí
glúin le glúin
sna dumhcha,
ag amharc uainn
ar an oileán rúin.

Ba é mo ghuí
go mbainfeá
do dhúil asam,
go rachfá
go Toraigh ionam.

II

Ár gcuid argóintí ársa
fá chreideamh, fá chaidreamh,
siúd iad, a dhíograis,

lena gcuid seolta arda,
buacacha bána
ag seoladh tharainn
ar aigéan an aighnis.

III

Ag deireadh an tsamhraidh
  d'imigh tú
    gan focal a rá,

i ndiaidh an spóirt
  a bhí eadrainn
    a chumainn,

ag súgradh le chéile
  sna dumhcha
    is ar fud na trá,

is d'fhág tú mé
  chomh tréigthe,
    chomh caillte

leis an chathaoir
  canbháis seo
    caite i leataobh,

is atá anois
  ina bholg séidte
    i mbéal na trá.

Aoibhneas Shíle an tSléibhe

An ceantar ina luí ar chúl a chinn
a ghéaga téagartha spréite amach;
gach cuas locha, gach cuar cnoic
á dtaispeáint féin go meallacach
faoi sholas na gealaí.

An oíche aoibhinn
ag feitheamh liom ag binn an tí –
idirghabhálaí ár ngrá –
le mé a thabhairt chugat, caol
díreach ar sheanrothar mná.

Crá Shíle an tSléibhe

I

Sháigh tú
do theangaidh
i mo bhéal

is d'fhág tú
smeartha
le haoibhneas mé

mar mhilseán
ag leá
i méara linbh.

II

Dhún tú an doras
go docht
i m'éadan.

Ó shin tá mé
ag cur fúm
san aimsir chaite.

Ar lá stamhlaí
tugaim amach
mo chuimhní,

is mar éide leapa
déanaim iad a aeráil
i mbéal na gaoithe.

Labhrann an tAthair Baistí

Do Rawle Anthony Peck

A chuid bheag den tsaol, is mór agam a bheith deas
duit i ngaol;
a mhic bhig mo leasa, deasaigh isteach liom,
tusa atá lán d'anam nuabheirthe na beatha,
aoibhníonn tú mé le do ghnaoi, tógann tú mo chroí le
do bheocht.
Inniu tá do nádúr ina fhéile as miosúr ag sní asat
óir is tusa Dia beag na geanúlachta as a bhfoinsíonn na
suáilcí
agus is mithid domh, dá brí sin, do thíolacthaí a
chanadh.

Do shúile beaga rúnda atá chomh beoga le tobar
d'uisce úr;
do ghnúis atá cumhra le mos ón rós is ó lus na gile,
bobaillíní beaga cadáis do chinn chomh mín le
ceannbháin an tsléibhe.
Craobóga tíme atá i ngach ceann de do mhéara beaga
bláfara.
Tá bláth bán na féithle ag bláthú ar do theangaidh.
Lus íce ríoga an chlúimh mhilis ar do choirpín meala.
Tá an ghlasóg bhuí agus an spideog ag spraoi i do
gháire.
Tá an samhradh ag gabháil fiáin ar ghruaimhín do
ghutha.

Tá do bhaill bheatha chomh luachmhar le taisce
geimhridh an iora rua.
Tá do ladhra beaga lúcháireacha chomh solúbtha le
rútaí is an t-earrach á ngríosú.
Lach fhiáin atá ionat agus tú ag snámh ar do bholg
trasna an urláir.

Tá do bholg beag bogshéidte chomh teolaí le héan gé i
mo bhois.
Ceolta sí sa ghaoth a chluinim agus tú ag ligean
gaoithe.
Tá do mhásaí chomh bog le dhá thurtóg caonaigh.
Tá píobairí fraoigh ag cur nótaí maise ar do chuid
caointe.
Cluinim meannán aeir i do gháire agus cuacha i
do chuid cainte.

A chuid bheag den tsaol, is mór agam a bheith deas
duit i ngaol,
tusa atá i do shuí os cionn naoi ngrádh na n-aingeal,
na bréagáin gheala seo atá leagtha amach go néata ag
colbha do leapa.
Bheinnse beo agus ag beathú ar leath bia
ach a bheith anseo ag do thaobh i dtólamh,
óir is tusa, a mhic bheag mo leasa, mo chothú agus mo
Dhia.

Teacht an Lae
i gcead do Bhupi Sherchan

Tig briseadh an lae
chomh fáilí
　le gadaí
agus fáisctear
an bhrí asam.
　Buirgléir an tsuain!
Fágann sé mé
gan néal i mo cheann.
　Ó thuaidh
tchím déad geal glé
na gcnoc, fiacla atá sciúrtha
le sneachta.
　Corraíonn rud éigin
pianmhar i mo chroí,
mothú éigin
a luíonn orm go trom.
　Táthar ag cur crúb
ionam. Braithim mo bheatha
á bhrú asam
　mar a d'fháiscfeá
taos fiacal sa tiúb.

PEGASUS

Ar mhuin bhán an tsneachta
tá marcach na gaoithe
    ag teannadh spoir
    is ag scaoileadh srianta
anuas leargacha crochta
na hAchla.

Anseo in Altán
giolla ceann eich
    atá ionamsa
    ag iarraidh é a shrianadh
is a thabhairt slán
le dán.

Gaelachas

I

Nach aoibhinn bheith i gClub an Chonartha,
ár ndún faoi thalamh, ár dtearmann teann;
anseo tá muid saor ó bhaol an Bhéarla, scartha
ón tsaol ar nós ár ngaolta na Tuatha Dé Danann.

II

Sa lá bím ag sleádóireacht torc
le mac Ri na Teamhrach;
is san oíche bím ag imirt cártaí
le bean sí as Lios na gCearrbhach.

III

Ní díochlaontaí
atá ag déanamh buartha duitse, a chroí,
ach biachlaontaí.

Inniu rinne tú do dhícheall,
chuir tú séimhiú ar gach sraoth,
síneadh fada ar gach srann.

IV

Idir a bheith ag cothú na Gaeilge
anseo sa Mhám
agus ag fás rud beag raithní
níl bomaite agam.

V

"Staidéar féidearthachta!"
Sin lán béil d'fhocal
nach bhfuil agam ó dhúchas,
ach má thig airgead as
in aisce, bíodh geall
go mbeidh "staidéar féidearthachta"
ar bharr mo ghoib go sásta.

VI

Idir an dól agus na deontais
tá mé i mo shuí go te i bPoll an tSómais,
teach agam i Muicíneach Idir Dhá Sháile
agus teach eile i Marbella.

An Mangaire Súgach

B'aoibhinn liom an sú
a bhaint as na suáilcí
i nGabhal Luimnigh.

Ach tá mé crochta
ar chrann gléasta an chéasta
leis an tsaighdiúir tréigthe.

Eoghan Rua

Ní síocanailís atá uaim anois
agus mé ar leabaidh an bháis
ach pis mhilis agus fís.

Spásaire ag Caint

Níos faide i gcéin
  a théann duine
    i bhfairsingeacht na cruinne
níos túisce
  a thuigtear dó
    gur míle mó d'aistear
coiscéim amháin
  a thabhairt
    isteach ann féin.

V

AN tEARAGAL

AN TEARAGAL

Do Derek Ball

I

Ní labhrann tú
ach go hannamh
agus tú ar do mharana
a ghúrú an cheana.

Rúnfhocal amháin
ó sheal go seal
á thíolacadh agat
as do bhéal.

Carraig d'fhocal,
tromchiallach.
Ábhar machnaimh,
rúndiamhrach.

Ní labhrann tú
ach go hannamh.
Sin an fáth a bhfuil
an fraoch ag fás

sa spás idir d'fhocail.

II

Tráthnóna gréine
agus lí an óir
ag sní asat
ina stór aoibhnis
tugann tú déirc
do lucht dealúis.

III

Is tú ár laoch
i mbearna na gaoithe,
ár ngaiscíoch dásachtach
i mbéal na bruíne.

Seasmhach, dílis, móruchtúil,
ár gcosaint, a dhíograis,
ó ruathar stoirme,
ó anfa geimhridh.

Ár gcuradh réidh,
sciath ghealaí i do dheis
sleá gréine i do chlé.

I do cholgsheasamh
agus faoi riastradh,
ní baol dúinn an anachain,

agus tú sa bhearna bhaoil,
a fhir ghnímh,
a Mhic an Eargail.

IV

Tá tú i ngrá
leis an fharraige
cé nár mhaith leat é a rá;
an fharraige luascach, líofa, lúth,
a labhrann leat gach lá
le tuaim bhinn na dtonn.
Tá tú faoi gheasa
ag a súile glasa luaimneacha,
ag a cosa geala lúbacha,
ag a hanáil ghoirt.
De shíor tá tú ag éisteacht
lena cuid rachtanna cainte,
lena cuid taomanna goil.
Níl tarraingt d'anála ionat
nuair a nochtann sí
a másá móra, mara
amuigh ansiúd i mbéal Thoraí.
Tá tú i ngrá leis an fharraige
is beidh go brách,
ach anseo tá tú i bhfód
go domhain is go daingean
is ní aistreoidh tú ariamh
léithe siar sa ród.

V

Chan ionann agus an fharraige
atá go huile ina boige,
sobhogtha agus spreagtha
ina dearcadh, ina cleachtadh,
í tógtha suas le taisteal
na gcríocha, seal thíos, seal thuas.

Tá tusa trom ionat féin,
i gcónaí ag iompar meáchain.
Righin i do mheon agus righin
i do mheabhair, níor chleacht tú
an teacht agus an t-imeacht.
Tá tú cruaidh, dobhogtha i do dhóigh.

Ach lá éigin níos faide
anonn, dhéanfaidh an fharraige
an ball bog a aimsiú ionat,
nuair a thiocfaidh sí i dtír,
ag maidhmeadh a coirp tharat
go tiarnasach, gealghlórach.

VI

Tá an fharraige de shíor ag caint,
ag scaipeadh scéalta.

Tá tusa go buan i do thost,
ag meabhrú ar néalta.

VII

Dá labharfá thusa ar an éigse
bheadh do chuid cainte lán de chloch-thuigse.

VIII

Nuair a luíonn an solas ort,
an solas ársa a aistríonn chugainn
ó am i bhfad uainn,
aoibhníonn d'aghaidh
spadliath fhéasógach
is tá tú arís óg,
milliúin bliain ó shin.

IX

Foighdeach
    ardcheannasach
        seasmhach

móruchtúil
    neamheaglach
        tiarnúil

teipeann
    ar an fhoclóir
        aithris a dhéanamh
            ar do ghlóir

ar scor ar bith
    tá tú níos sine
        ná aon teangaidh
            níos buaine.

X

Creideann siad ionat,
na carraigeacha fána seo
sna cuibhrinn.

Is tusa an Neach Naofa,
an tUilechumhachtach,
an Tiarna Síoraí.

Is é a mian is a ndán
dlúthú leat mar a bhí;
a bheith iomlán.

XI

As Tinidh thús an tsaoil
a cruthaíodh thú.

Tá beo den tinidh sin
ag dó ionat i dtólamh,
an choigilt i do cuid carraigeacha,
an laom i do chuid leacacha.

Tá an spréach sin ag feitheamh
ar lá na cinniúna
nuair a bhrúchtfaidh sé
as do chlocha giniúna,
ina bhladhm lasrach,
ina chraos mhillteach.

As tinidh a cruthaíodh thú.
I dtinidh a chaillfear thú.

XII

Is réidh agat é!
bhí tú ann romhainn,
beidh tú ann inár ndiaidh.

XIII

Ní raibh tú riamh
faoi shotal Dé.

Tá tú níos sine ná É,
Dia úd an daonnaí,

a cruthaíodh
as eagla, as imní,

as mearbhall céille,
as práinn na héaga.

Ní raibh tú riamh
faoi shotal Dé.

Ní heol duitse
díomuaine an duine.

XIV

As gríos na giniúna
a fáisceadh tú,
an t-oighear a mhúnlaigh tú,
an ghaoth is an ghrian
a shnoigh tú,
an sneachta is an síon
a chuir snas ort,
an fraoch a chuir snua ionat,
an caonach a chuir éideadh ort,
an raideog a chumhraigh tú,
an ceannbhán a d'fhág féasóg ort,
an fhuiseog a thug ceol duit,
an nádúr a thug buanaíocht duit,
an nádúraí, an créatúr díomuan,
a thugann ómós duit.

XV

Inniu baineadh
soir asam
sa Mhám
idir tú féin
agus an Cnoc Glas.
Bhí mé i gcéin
agus as m'am.
Chonacthas domh go raibh
gairdín criosantamam
amuigh i mbláth
faoi do scáth,
go raibh coillidh
crann silíní
ag craobhú ar do bheanna,
go raibh aeráid na Seapáine
ag cur aoibhe ort is gnaoi,
go raibh Mín na Craoibhe
i gcroílár Kyoto,
go raibh bean i gKimono
ag umhlú duit go béasach.
Mura raibh ann ach mearbhall ama
a shaobh mé, is cuma.
Chonaic mé Hokusai, an saoi,
agus é ar a ghlúine a d'adhradh
a Eargail, a Fujiyama.

XVI

Ag amharc uait de shíor
ar thimthriall an tsaoil,
ní chuireann ár mbeatha uafás ort,
ní chuireann ár mbás áthas ort.

Ní hionann tú agus muidinne
na neacha eaglacha
a dhéanann an saol a thomhas i laethanta.
Déanann tusa an saol a thomhas i gclocha.

XVII

Tráthnóna fómhair
ó áit ard aerach
siar ó Ard na Seamair
tchím tú ag tarraingt
clóca labhandair
den tsíoda fraoigh
is gleoite ar an tsliabh
thart ort féin, a Oscair.

XVIII

Nár mhéanar
dá mbeinn ag cur fúm
ar feadh mo shaoil
i do dhíseartán fraoigh,
ar do shleasa gaothrite
ar do bheanna grianlasta,
a do dhreapadh gach lá
de choiscéim chneasta.

Is tú an staighre chun na spéire,
dréimire na gréine.
Sa tsolas ar do bharr
d'aimseoinn mé féin,
is bheadh tuigbheáil agam
nach dtig ó shleachta suadh
ach ó ghaoth ag teacht
de dhroim sneachta,

oíche sa Mhárta rua
is ó shú bog na bhfraochóg
i bhfómhar na sméar.
Bheinn ag adhradh na ndúl
is an mhaidin óg
ag cur maise ort
is a do mhóradh
os comhair mo dhá shúil.

Nár mhéanar
éalú ó gheimhle an tsaoil,
ceangal na gcúig gcaol
a scaoileadh saor, liú
dúshláin a chur asam
ar do bhuaic gealaí,
ar do bheanna baoil.

Dálta Han Shan
an t-oilithreach dána
a chaith a shaol thuas
ar an tSliabh Fuar,
an file beoshúileach,
fiánta, fadfhulangach,
á shaoradh féin go buan
sna scamaill bhána.

XIX

Tráthnóna samhraidh
is mé ag siúl an tsléibhe
bíonn tú romham
i linnte portaigh,
beag agus gnaíúil
amhail is go dtiocfadh liom
breith ort agus barróg
a thabhairt duit, a dhuine chléibh.

XX

An cuimhneach leat
na glúnta urramacha
a chaith a mbeatha
ag saothrú is ag síolrú
i dtráth agus in antráth
anseo faoi do scáth?

Nó ar imigh siad
na fir úd agus na mná
a d'fhéach suas ort
go hómósach gach lá,
ar imigh siad go brách
as annálacha do chuimhne?

An caill duit an duine?

XXI

Cupán tae,
ceol na n-éan,
dán nó dhó
má thig an bhé,
beo slán
ach ar an bheagán,
is an bás –
cás gach éinne –
ag sealbhú ionam.

Is ní thig liom
mo shúil a bhaint duitse
ach ag breathnú ort
lá i ndiaidh lae,
ag meabhrú ort
ag éirí ansiúd
go cróga
ó shaol bocht
lomchnámhach na cré.

XXII

Tá muid i gcónaí
ag iarraidh tú a chruthú
inár n-íomhá féin.

Síneadh a bhaint asat
le meafar,
tú a shoiléiriú
le samhlaoid,
neart a chur ionat
le siombail.

Nár dheas dúinn
tú a fhágáil
mar a bhí tú riamh ...

i do shliabh?

XXIII

Níl sliocht ar bith ort,
mo dhálta féin, a chroí,
ach amháin an saothar seo
le do thaobh, na cnuasaigh
cloch seo, dánta crua
a tháinig asat le dua.

Tá an chloch ghréine
ag lonrú go líofa
i do chuid dánta molta;
an t-eibhear tréan
ag neartú do chaointe;
an chloch aoil
géar i do chuid aortha.

Tá mé in éad leo.
Buanóidh siad
nuair atá mo chuidse
imithe ina gceo.

XXIV

As a sheasmhacht
nuair a bhí mé as stiúir,
tá tú cosúil le m'athair.

As a cneastacht
is mé ag imeacht le saol úr,
tá tú cosúil le mo mháthair.

As d'aimsir ghlas
nuair a bhíonn do ghnúis dúr,
tá tú cosúil liomsa.

XXV

Shiúil mé tú ina chéimeanna miona,
gach malaidh is mullach, gach log is learg,
gach binn shíon-nite, gach droim ghrianlite.
Dhearc mé go cruinn a raibh ag fás ort go gleoite,
do cuid lusanna fiáine is do chuid luibheanna íce.

Chonaic mé tú i bhfallaing liathbhán an Mhárta
agus i mbréidín fraoigh an fhómhair.
Chonaic mé tú i gclóca gréine na Bealtaine
is i mbáine shíodúil an Eanáir
ach dá mhéid a dhearcaim tú is lú

d'aithne is d'eolas a chuirim ort, a rún,
ach sin dán an té atá faoi do gheasa diamhair.

Nótaí

Ovid (43RCh–18AD)
Díbríodh Ovid as an Róimh sa bhliain 8AD. Tá sé ráite go raibh baint ag Julia, gariníon an Impire Augustus leis an tubaiste a thit ar an údar iomráiteach seo. Níor ceadaíodh dó pilleadh ar an Róimh lena bheatha. D'éag sé i dTomis sa bhliain 18AD.

Antinous
Rogha an Impire Haidrian, saolaíodh an buachaill álainn seo i mBithnia sa bhliain 110AD. Bádh é sa Níl in aice le cathair Alexandria i 130AD. Tá sé ráite gur íobair sé é féin ar maithe le sláinte agus sábháilteacht an Impire. Bhi Haidrian croíbhriste ina dhiaidh.

Micheál Mac Liammóir
Tá ardmheas agam ar an fhile ildánach seo. Chan amháin a shaothar spreagúil a théann go smior ionam ach an dóigh a raibh sé de dhánaíocht ann a shaol a chaitheamh mar a d'fhóir dó agus ní de réir reachtaíocht an phobail. Chaith sé seal i Maracó sa bhliain 1949 ag obair ar "Othello" faoi stiúir Orson Welles.

Ruairí Mac Asmaint
Bunaíodh Coláiste Uladh, "Ardscoil Cholmcille", mar a tugadh ar an ionad léinn seo i dtús a ré, ar an Ardaigh Bheag i gcomharsanacht Ghort an Choirce, sa bhliain 1906. Bhí an-bhaint ag Mac Asmaint leis an choláiste sna blianta tosaigh agus is minic a bhronn sé suimeanna airgid ar mhaithe le dul chun cinn na háite. Bhíodh sé ansin i gcuideachta Ada McNeill, Margaret Dobbs, Úna agus Eilís Bannister, agus Rose Maud Young, mná uasaicmeacha de chuid Ghlinnte Aontroma, a áit dhúchais féin. Bhí sé de ghnás ag lucht na coláiste ócáidí coirme amuigh faoin spéir a bheith acu ar Chnoc na Bealtaine ach an aimsir a bheith fóirsteanach.

Rún buíochais

Is mian leis an údar buíochas ó chroí a ghabháil le Seán Mac Aindreasa a chuir eagar ar an chnuasach seo. Is mór aige cuidiú, tacaíocht agus comhairle Sheáin i gcúrsaí cumadóireachta.

Is mór aige fosta gach cuidiú ó Gabriel Rosenstock, Úna Campbell, Paddy Bushe, Lillis Ó Laoire, Seán Ó Gaoithin, Reuben Ó Conluain, Foireann na Leabharlainne i Leitir Ceanainn, Cló Iar-Chonnacht, Micheál Ó Máirtín, Brendan Rohan, Proinnsíos Ó Duigneáin, Máire Ní Mhuiris, Colin Peck agus Prehen House, Seosamh Ó Ceallaigh, Gearóid Ó Caireallláin.

Foilsíodh cuid dá bhfuil anseo sna hirisi seo a leanas: *Irish Pages, Comhar*.

Ealaíontóir a bhfuil cáil idirnáisiúnta bainte amach aige. Ta cónaí air i Mín a' Leá, áit ar bhunaigh sé féin agus a bhean chéile, Oona Hyland, Cló Ceardlann na gCnoc. Seo Ceardlann a thugann seans d'ealaíontóirí as gach cearn den tsaol a theacht agus seal ama a chaitheamh sa Ghaeltacht ag saothrú, ag smaoineamh, ag triail is ag tionscnamh.

Tá a shaothar ar taispeáint i bhfad agus i ngearr, agus tá mórán coimisiúnuithe ealaíne poiblí buaite aige. Bhí taispeántas dá shaothar sa Museum of Archaeology, Genemaria, Sardinia 2006; sa Hualien International Artists' Workshop, Taiwan 2007; sa Czech Museum of Fine Arts, Prague 2009; agus sa Karavanserei History Museum, Tbilisi, 2010. Faoi láthair tá sé ag obair le "Samkura", tionscnamh ealaíne i bpáirtíocht leis an State Museum of Contemporary Art, Thessaloniki, An Ghréig.

Beidh "Ag Tabhairt m'Aghaidh ar An Oirthear" taispeántas dá shaothar úr sa Barry Rooms, Taipai, príomhchathair Taiwan i dtús na bliana, 2013, áit a mbeidh Ian é féin ag caitheamh tréimhse mar ealaíontóir cónaithe.

Ar na leabhair is déanaí uaidh tá *Seal i Neipeal* (Cló Iar-Chonnachta, 2004), *Oíche Dhrochghealaí*, dráma (Coiscéim, 2005), *Mairimid Leis na Mistéirí agus Drámaí Eile* (Arlen House, 2006), *Gúrú i gClúidíní* (Cló Iar-Chonnachta, 2006), *Light on Distant Hills: A Memoir* (Simon & Schuster, 2009), *An tAm Marfach ina Mairimid* (Arlen House, 2011), *Pianó Mhín na bPréachán* (Cló Iar-Chonnacht, 2011).

Bhuaigh sé *The Irish Times Literature Award* i 2000 agus bronnadh *The Ireland Fund Literary Award* air i 2007 as feabhas a shaothair i nGaeilge. Roghnaíodh *By the Hearth in Mín a' Leá* (Arc Publications, 2005) mar *Poetry Book Society Recommended Translation* sa Bhreatain i 2006. Is é eagarthóir Gaeilge *Irish Pages* é.

Tá cónaí air i Mín a' Leá faoi scáth na hEaragaile i dTír Chonaill. Tá sé ina bhall d'Aosdána.